UN CARILLON

OU

POLÉMIQUE

ENTRE

M. le CURÉ de Tonnay-Charente et son paroissien Thomas MARTIN.

Cette brochure est vendue au bénéfice des pauvres.

PRIX 30 c.

ROCHEFORT,

IMPRIMERIE H. LOUSTEAU ET Cie.

1846.

POURQUOI CETTE BROCHURE APPARAIT!

M. Rétif, curé de Tonnay-Charente, a eu l'ingénieuse et prévoyante pensée de faire tirer à l'imprimerie de M. Loustau, quelques exemplaires reproduisant son écrit inséré dans le journal l'*Union*, du 4 Juin. C'est très-officieux sans doute pour les personnes à qui il les a destinés et qui ne lisent pas le journal l'*Union*.

Mais il a oublié le proverbe : *qui n'entend qu'une cloche, n'entend qu'un son.* Il aurait donc dû, en toute loyauté, reproduire tous les articles parus dans les *Tablettes*, le *Phare*, et l'opinion des journaux.

Je viens réparer cette omission en publiant toute la polémique, et unissant ma cloche à la sienne, produire un édifiant, curieux et recréatif carillon, dont le produit sera aux bénéfice des pauvres : ainsi grâce à lui, à moi, et à la curiosité publique, d'un certain mal il en sera surgi un peu de bien.

T. MARTIN, *éditeur.*

NOTA. Nous aurions voulu compléter ce recueil, par la lettre de satisfaction et d'encouragement que M. le curé a reçu de son Evêque, mais il paraît que dans sa modestie, M. le curé a jugé convenable de n'en donner connaissance à personne, pas même à ses amis.

UN CARILLON.

Voici un fait qui prouve qu'il existe des ministres de Dieu qui éprouvent quelque répugnance à se soumettre aux exigences et aux convenances des institutions civiles.

Nous l'extrayons d'un article qui nous est communiqué et dont nous avons cru devoir supprimer quelques réflexions.

Le 3 mai dernier la fête de Sa Majesté Louis-Philippe, roi des Français, devait être célébrée à Tonnay-Charente par deux motifs, d'abord pour Sa Majesté elle-même, puis pour remercier la divine Providence d'avoir préservé ses jours du coup de fusil qu'un lâche assassin lui réservait en guet-à-pent ; à cette occasion il devait y avoir grande revue de la garde nationale.

Monsieur le maire de Tonnay-Charente s'était d'avance, le 28 avril, concerté avec le curé de la paroisse ; il était convenu que le 3 mai une messe serait dite à l'intention du roi et qu'elle se terminerait par l'*Exaudiat et le Te Deum.* Les conventions arrêtées, le Maire convoque tout le corps municipal, les officiers de la garde nationale, invite tous les représentants des diverses administrations de la localité. A dix heures et demie (heure fixée) le nombreux cortège se trouvait à l'Eglise.

Vers le milieu de l'office le prêtre monte en chaire. On s'attend qu'il va parler sur l'intention religieuse de cette solennité... Il déclare qu'elle n'est qu'à l'intention du bien heureux Saint-Eutrope, martyr, et non à d'autre, parce que la mémoire des martyrs ne peut être oubliée, que si elle le pouvait être, l'Eglise évangélique la rappellerait sans cesse aux fidèles ; tandis que celle *des César, des empereurs, des rois, tous despotes ou tyrans*, disparaît : *l'Eglise*, s'écrie-t-il, *ne reconnait d'autres rois que les Saints* !

A ces paroles Monsieur le Maire voulut se retirer et inviter le cortège à le suivre. Quelqu'un lui fit l'observation qu'il était plus prudent d'attendre la fin de cette extraordinaire cérémonie. En effet, en l'absence du maire et du cortège qui sait ce que cet audacieux et irrévérent prêtre aurait dit ou fulminé devant son docile et crédule troupeau en juppon ?

Il est à remarquer que, lors de l'offrande du pain bénit aux assistants, le bedeau présenta d'abord la corbeille à messieurs les chantres, puis à M. le Maire qui la rebuta, pensant, avec raison, que le lutrin n'est pas le premier magistrat ni le représentant de la royauté ; personne du cortège, ne voulut prendre à la corbeille la parcelle du pain bénit.

La cérémonie se terminera ainsi, l'on attendait *l'Exaudiat et le Te Deum* ; le curé envoya son bedeau défendre à MM. les chantres de les entonner. A la Rochelle, pourtant, le même jour, l'Evêque célébrait la fête de Saint-Philippe et non celle de Saint-Eutrope qui était passée et avait été célébrée partout le diocèse le 30 avril.

A la suite de l'office, le maire fit à l'hôtel de ville une énergique allocution réprobatrice de la conduite du curé, elle se termina par le cri de vive le Roi qui fut répété partout le cortège. Un instant après le curé entrait. Il y a eu entre le Maire et lui une vive altercation en présence de plusieurs membres de l'administration et de plusieurs officiers de la garde nationale. Là, il aurait encore eu l'imprudence de mettre le maire en demeure de faire son rapport. Nous ignorons si ce magistrat aurait pris au sérieux cette dernière et impérieuse provocation.

De tout celà il en est résulté qu'il n'y a pas eu de revue, et que le souvenir de ce qui s'est passé ce jour restera long-temps gravé dans la mémoire des honnêtes gens de Tonnay-Charente.

(Tablettes de Rochefort, du 13 mai.)

Le Phare de la Rochelle qui a reproduit cet article, le fait précéder des réflexions suivantes :

L'opposition nationale a souvent averti le pouvoir, de l'inutilité et du danger de ses continuelles avances à la cour de Rome. On nous adresse de Tonnay-Charente l'article suivant, qui n'a pas besoin de commentaire :

P. S. Monsieur le maire de Charente a adressé un rapport à Monsieur le préfet, sur la conduite du curé Rétif, de fait et de nom; ce rapport a été communiqué à Monsieur l'Evêque de la Rochelle, qui s'est borné à promettre que pareille chose n'arriverait plus.

Cela peut-il s'appeler donner satisfaction à l'opinion publique!

(Phare de la Rochelle du 16 mai 1846.)

M. le Curé de Charente nous adresse l'article suivant:

À M. le Rédacteur du journal les TABLETTES DES DEUX-CHARENTES.

Monsieur,

Je vous prie et au besoin je vous requiers d'insérer dans votre plus prochain numéro, la note ci-jointe, en réponse à l'article de votre journal du 13 mai dernier contre M. le curé Charente.

Ce n'est point pour mes paroissiens, Monsieur, suffisamment renseignés et qui connaissent leur curé, que je prends la plume. Ce n'est pas non plus pour ma propre satisfaction, mais bien seulement pour détruire l'effet que pourrait produire, au préjudice de la religion, au loin et sur des esprits trop crédules, un récit qui travestit étrangement mes pensées, mes paroles et mes actes.

Votre corresponcaut est mal informé, Monsieur ; je dis mal informé, car j'aime à croire qu'il n'y a pas mauvaise foi dans son fait : ce serait odieux. Son récit est inexact.

1° Il n'est pas vrai qu'il fut convenu entre M. Burgaud, maire et M le curé, que le *Te Deum* serait chanté après la messe dite pour le roi, et s'il n'a pas été chanté, c'est que M. le curé n'avait reçu à cet égard, ni permission, ni ordre de Mgr l'évêque, le gouvernement n'en ayant pas fait la demande.

2° Il n'est pas vrai que M. le curé ait dit, que la cérémonie religieuse n'était qu'à l'intention du bienheureux Saint-Eutrope : seulement, il a fait observer, pour les fidèles et comme motif de son instruction, que l'office était de Saint-Eutrope , *ainsi que le voulait notre bref.* Cela n'a pas empêché que le vœu du gouvernement fût rempli et que M. le curé ait offert le Saint-Sacrifice pour le roi et en action de grâce de la protection toute miraculeuse de la Providence, contre un affreux attentat que lui-même a déploré hautement et publiquement.

3° Il n'est pas vrai que M. le curé ait dit que les rois et les empereurs étaient des despotes ou des tyrans, que l'église ne reconnaissait d'autres rois que les saints. Non, Monsieur, M. le curé n'a pas proféré ces paroles aussi impies qu'absurdes ; en parlant des martyrs , il a exalté leur courage à soutenir la foi devant les tyrans , les victoires qu'ils ont remportées contre la gentilité , les honneurs qui leur sont rendus , encore bien des siècles après leur mort , tandis qu'il est tel conquérant du monde qui dans la suite des temps a été oublié ; mais contre la dignité des rois , M. le curé affirme qu'il n'a pas dit un seul mot.

4° On semble insinuer que c'est par suite de ce qui s'est passé entre M. le maire et M. le curé , que n'a pas eu lieu la revue projetée ; j'en demande pardon à l'auteur de l'article , mais pendant mon explication et non *pas mon altercation* , avec M. le maire , est arrivé un honorable officier , qui a dit à ce magistrat que la revue était impossible , attendu *que se présentaient seulement quatre ou cinq gardes nationaux* , et qui , d'ailleurs , ne comprendra que si effectivement la conduite de M. le curé avait produit sur les esprits une si pénible impression, chacun ne se fut présenté sous les armes comme pour protester ?

Enfin, Monsieur le rédacteur, relèverai-je l'incident du pain bénit ? Peut-on bien supposer que M. le curé se fut oublié, pour vouloir insulter, *même dans l'église*, un magistrat, et un magistrat avec lequel il est et désire être toujours dans les meilleurs rapports; que le bedeau, par oubli, ait présenté le pain bénit aux autorités un peu trop tard, c'est possible, mais qu'il l'ait fait par l'ordre de M. le curé, c'est une supposition puérile contre laquelle je n'ai pas besoin de protester.

Vous êtes dans l'erreur vous-même, Monsieur le rédacteur, quand vous me considérez comme un ecclésiastique qui répugne à se soumettre aux convenances de nos institutions civiles. Par mes actions ou par mes discours, je n'ai donné à personne le droit de suspecter mes sentimens de respect, ou pour nos institutions, ou pour la personne du roi; loin de là; plusieurs circonstances m'ont fourni l'occasion de parler du monarque, et je l'ai toujours fait (j'ai des raisons graves de le croire) dans des termes à satisfaire les exigences les plus légitimes et les susceptibilités les plus délicates.

Enfin, Monsieur, je ne chercherai point à approfondir les motifs qui ont dicté l'article de votre correspondant : seulement je dirai, que j'ai la confiance qu'après les explications franches et loyales qui ont eu lieu entre M. le maire et M. le curé, le malentendu qui a pu exister et qui n'est imputable au mauvais vouloir de personne , ne saurait troubler la bonne harmonie qui doit exister entre nous.

J'ai l'honneur d'être , etc.

RÉTIF , *curé de Charente.*

P. S. Dans cette réponse, je n'ai eu d'autre but que de rétablir la vérité des faits : il serait inutile de chercher à entamer une polémique avec moi.

Il n'était pas nécessaire que M. le curé de Charente nous requit d'insérer sa réclamation , une simple invitation aurait suffi , les colonnes des *Tablettes* sont ouvertes à toute communication rédigée en termes convenables.

Quant au paragraphe qui s'adresse directement au rédacteur des *Tablettes*, nous ferons observer à M. le curé que les réflexions qui paraissent le blesser sont bien modérées en présence des faits qui lui étaient imputés ; que tous ces faits ne sont pas complètement réfutés par M. le curé , qui ne voudra, nous l'espérons , nous faire regretter d'avoir usé d'une modération que les convenances seules nous commandaient.   (NOTE DU RÉDACTEUR.)

(*Tablettes de Rochefort du* 20 *mai.*)

Notre correspondant de Tonnay-Charente n'avait pas communiqué seulement au *Phare de la Rochelle* , l'article concernant M. le curé RÉTIF , il l'avait d'abord adressé aux *Tablettes de Rochefort.* Cet ecclésiastique vient de publier dans cette dernière feuille, une réponse que nous devons donc considérer comme nous étant aussi destinée , et que, dans notre esprit d'impartialité, nous croyons devoir reproduire.

Opinion du *Phare* :

Pour détruire le peu de valeur apparente de cette

lettre qui exhale une forte odeur de jésuitisme, il nous suffirait de citer le nom de notre correspondant de Charente ; mais nous n'y sommes point encore autorisés.

P. S. Nous recevons à l'instant de Monsieur Rétif, l'invitation de publier sa lettre. Nous avions été au-devant de son désir.

(*Phare de la Rochelle du 23 mai 1846.*)

A M. le rédacteur des TABLETTES DES DEUX-CHARENTES.

Monsieur le rédacteur ,

Veuillez avoir la complaissance d'insérer dans votre prochain numéro, la réponse à la réfutation de M. Rétif, curé de Charente. Ce sera sur ce sujet le dernier article qui aura mis votre complaisance à contribution. Une polémique, du reste, ne pouvant être soutenue que sur deux principes opposés et non sur des faits soutenus d'une part et niés de l'autre.

Rien n'est plus facile que d'alléguer des faits, rien n'est plus aisé que de les démentir. La vérité ne peut pourtant pas être des deux côtés. M. le curé veut bien croire à la bonne foi de l'auteur de l'article auquel il répond, seulement il le suppose mal informé ; aussi n'est-ce ni pour ses paroissiens qui le connaissent parfaitement, non plus que pour sa propre satisfaction, mais dans l'intérêt de la religion qu'il entreprend de réfuter un récit qui travestit ses pensées, ses paroles et ses actes.

Sans vouloir approfondir les pensées de M. le curé, ce qui serait difficile, on peut juger ses paroles et ses actes sans porter atteinte à la sainte religion, et nous croyons ne la blesser en rien en venant, aujourd'hui , après nouvelles informations , affirmer que le premier récit est dans l'exacte vérité.

Lorsqu'on a vu Saint-Pierre renier son divin maître, il n'est pas surprenant de voir un prêtre nier les paroles qu'il a proférées devant une nombreuse et honorable assemblée , paroles qui ont causé un tel étonnement , que chacun avait peine à croire ce qu'il avait entendu.

Suivons M. le curé, dans sa réfutation , « *il n'est pas vrai qu'il fut convenu que le Te Denm serait chanté après la messe dite pour le roi.*» Il devait donc y avoir une messe dite pour le roi ! Le *Te Deum* ne pouvait être chanté parce que M. le curé n'avait ni permission ni ordre de son évêque et que le gouvernement n'en avait pas fait la demande à très-haut et très-puissant clergé. Eh bien ! soit. Nous ignorions qu'il fallut tant de formalités pour obtenir du gosier des chantres un hymne dont on parait être fort avare : mais l'*Exaudiat* , Monsieur le curé , l'*Exaudiat* que vos chantres devaient entonner et que vous leur avez fait interdire au moment ou ils s'y préparaient !

« *Il n'est pas vrai que le curé ait dit que la cérémonie* « *religieuse n'était qu'à l'intention du bienheureux Saint-Eutrope.* » Il a été plus concis , il a dit : *Nous fêtons aujourd'hui Saint-Eutrope.* Ce que M. le curé vient nous raconter de ce que veut *son bref* est une espèce de replâtrage auquel personne ne se laissera prendre. Eh quoi ! M. le curé ne se ressouvenait donc pas de *son bref*, lorsqu'il promettait à M. le maire une messe pour le Roi ? Et à qui voudra-t-il persuader qu'il l'a dite à cette intention, lorsqu'en chaire il annonce qu'il fête

Saint-Eutrope ? Dans tous les cas, et c'est bien suspect, si cela fut ainsi, il n'y a que Dieu et lui qui le savent. En vérité, M. le curé, on voit bien que vous avez l'habitude de ne parler qu'à des crédules.

« *Il n'est pas vrai que M. le curé ait dit que les rois* « *et empereurs étaient des despotes ; que l'église ne re-* *connaissait d'autres rois que les saints.* » Pardon, M. le curé, pardon, vous l'avez dit. La mémoire vous fait défaut. Ce fut même la pensée qui fit le fond d'une longue période de votre discours qui tendait à prouver que leur mémoire disparaissait tandis que celle des martyrs survivait. Voudriez-vous dire qu'il s'agissait des empereurs, des Césars, des rois, des tyrans qui existaient au temps des martyrs et contre lesquels ceux ci résistaient? Vous conviendrez que le jour et l'heure étaient bien mal choisis ; un jour fixé pour célébrer la fête du roi ! pourquoi cette anomalie de rapprochement ? Mais ce qui surpasse tout dans cette diatribe, dans cette exaltation , c'est cette exclamation , tellement accentuée qu'elle a frappé l'auditoire : *L'église ne reconnaît d'autres rois que les saints* !

Et c'est le jour ou vous prétendez avoir dit la messe pour le roi que vous proférez pareilles expressions ! Vous les avez qualifiées d'impies et d'absurdes ; moi je dirai qu'elles sont, sinon une provocation à la rébellion, du moins une déclaration de désobéissance permanente au chef de l'état actuel et à son gouvernement qui vous paie. En cela , vous avez oublié le précepte de votre grand maître : *Rendez à César ce qui appartient à César et à Dieu ce qui appartient à Dieu.* Et vous, dans votre égarement ne reconnaissant d'autres rois que les saints, vous méconnaissez les gouvernemens et les rois de la terre ainsi que le roi des rois qui est dans les cieux.

Oh ! si un fonctionnaire, un salarié, un officier eut tenu de semblables propos ou des propos analogues, il eut sur le champ été provisoirement révoqué, destitué et qui sait ensuite ce qui ne lui serait pas arrivé ?

M. le curé nous affirme qu'il a déploré hautement et publiquement l'affreux attentat dont le roi a failli être victime. Nous voulons bien le croire; mais jamais occasion ne fut plus favorable pour nous faire, à cet égard, connaître ses véritables sentiments. En présence des autorités, en présence de tous les fonctionnaires et des officiers de la garde nationale, plutôt que de se jeter dans de blâmables écarts, de condamnables excentricités, que n'a-t-l lancé l'anathême contre les assassins non seulement de ce jour, mais de toutes les époques ; que n'a-t-il flétri l'horrible action de Lecomte; a-t-il craint de blesser une secte d'hommes que je ne nommerai pas, parcequ'il la doit bien connaître, en maudissant ces monstres du passé, les Clément, les Jean-Chatel, les Ravaillac et autres, tous tueurs de rois, à la plus grande gloire de Dieu ?....

M. le curé ne veut pas croire que c'est à son incartade que l'on doit de n'avoir pas passé de revue. Il invoque le témoignage d'un honorable officier qui se serait servi d'une expression hyperbolique pour dire qu'il y avait peu de monde. Quant a nous, notre opinion est que la réunion eut été plus nombreuse, si ce qui venait de se passer n'eut pas eu lieu. Que M. le curé se détrompe s'il croit avoir été approuvé par la garde nationale par cela qu'elle n'est pas venue protester en armes. Si cette manifestation avait eu lieu, c'eût été peut-être pour lui un grand malheur. Craignez, M. le curez, d'exaspérer la masse des hommes ; ne vous souvient-il plus du mécontentement de vos anciens paroissiens de Genouillé ?

Lorque M. le curé prétend n'avoir eu *qu'une explication et non une altercation* avec M. le maire, nous lui dirons que sans doute l'état de colère et d'exaspération dans lequel il se trouvait en entrant à la mairie lui a fait oublier les violents coups de poing qu'il a frappés sur la table du maire et le défi qu'il lui a jeté de faire son rapport. Lorsque ce doucereux ecclésiastique se trouve avoir une altercation, comment procède-t-il ?

Quand au pain bénit personne n'a songé à lui imputer à faute l'impertinence de son bedeau ; mais il conviendra que, dans la circonstance, c'était une fâcheuse coïncidence. Nous engageons M. le curé à mieux former l'éducation de ses gens ; et, lui-même, rentrant dans les limites de la bienséance, de l'obéissance aux lois, du respect à qui il revient, se renfermer dans le noble rôle que lui prescrit et lui impose son caractère, et ne plus être, à l'avenir, la cause de troubles et de scandale.

Maintenant peu m'importe que certaines gens préfèrent croire à l'écrit de M. le curé, j'ai la certitude d'avoir dit vrai et j'ai pour moi l'opinion publique ainsi que le rapport de M. le Maire auquel, après tout, je renvoie les personnes qui pourraient encore douter.

Thomas Martin,
Auteur du premier article.

P. S. Personne ne pensera que la pusillanimité ou la lâcheté m'aient empêché de signer le premier article. Je craignais seulement que l'on ne répondît
pas à l'auteur ou qu'on lui adressât des personnalités qui l'auraient mis
dans la nécessité d'user de représailles.

(Tablettes de Rochefort du 24 Mai 1846.)

Le *Phare*, en produisant cet article, le fait précéder des
réflexions suivantes :

La réponse à la réfutation de M. Rétif, ne s'est
point fait attendre. L'auteur de l'article qui dénonçait
à l'opinion publique l'acte de résistance du curé de
Charente, se nomme aujourd'hui hautement, et sou-
tient ses premières accusations.

M. THOMAS MARTIN est un citoyen honorable, la
franchise de son caractère et son patriotisme, ne per-
mettent pas de mettre en doute l'exactitude de ses allé-
gations qui, au surplus, ont été, en quelque sorte,
officiellement confirmées par M. le Maire de Charente,
puisque ce magistrat, au nom de son Conseil, a adressé à M. le Préfet un rapport en forme de plainte, sur
la conduite de M. Rétif.

(Phare de la Rochelle du 27 Mai 1846.)

Nous recevons de M. le curé de Charente une lettre en
réponse à une note publiée dans notre journal, à la date du
21 mai. Nous nous abstiendrons, comme nous l'avons déjà
fait, de toute réflexion, de tout commentaire; nous croyons
seulement devoir tenir compte de tous les élémens de la
contestation, en laissant au public le soin de se faire juge.

M. le curé de Charente a déjà répondu dans les *Tablettes*
de Rochefort au récit qui y avait été inséré.

M. Martin, de Charente, auteur de l'article, a répliqué

immédiatement en affirmant de nouveau les faits qu'il avait avancés. Nous avons pensé qu'il y avait pour nous, dans ces circonstances, obligation morale de tenir compte de la lettre de M. Martin, et nous en extrayons quelques passages que nous plaçons à la suite de la réponse de M. le curé de Charente.

Voici la lettre de M. Rétif :

Sans doute, l'attaque est facile, mais est-elle bien loyale quand elle s'adresse à des hommes pacifiques, désarmés, par caractère et position, et qui, par-dessus tout, répugnent à entretenir le public des choses qui leur sont ou paraissent leur être personnelles ?

Je n'avais pas l'intention, M. le Rédacteur, de répondre à certaine lettre sans nom, publiée dans votre numéro du 21 mai, il est telles assertions de cette lettre qui se réfutent d'elles-mêmes ; les autres me touchaient peu. Toutefois, j'ai dû déférer à l'avis d'hommes judicieux qui voient là d'autres intérêts à défendre que les miens, partant, je viens disculper non pas l'abbé Rétif, mais le curé de Charente. Ce ne sera pas difficile assurément, si l'on veut m'entendre avec impartialité.

Suivant M..... « il était convenu que, le 5 mai, une messe serait dite à l'intention du roi, et qu'elle se terminerait par l'*Eaudiat* et le *Te Deum*. »

Dès le début, l'accusation est en défaut : il n'avait point été convenu que le *Te Deum* serait chanté, parce que cela ne doit ni ne se peut faire sans un ordre ou une autorisation spéciale.

L'accusation poursuit : « Vers le milieu de l'office

le prêtre monte en chaire. On s'attend qu'il va parler sur l'intention de cette solennité... Il déclare qu'elle n'est qu'à l'intention du bienheureux saint Eutrope, et non à d'autres, parce que la mémoire des martyrs ne peut être oubliée, tandis que celle des Césars (ce dernier mot en italique, et les suivans), des Empereurs et des Rois, tous despotes ou tyrans, disparaît : l'Eglise, s'écrie-t-il, ne reconnaît d'autres rois que les saints ! » Je transcris fidèlement.

Eh bien ! lecteurs, qu'en pensez-vous ? regardez-vous comme possible qu'un homme de bon sens, un curé , dans le lieu saint , en présence des autorités locales et de l'élite de ses paroissiens , ait pu proférer des paroles aussi impies qu'absurdes? Est-il besoin de protester contre de telles imputations? En vérité , il faut étrangement compter sur la crédulité des gens pour écrire, publier... cela !

L'auteur continue : « L'on attendait l'*Exaudiat* et le *Te Deum*; le curé envoie son bedeau défendre à MM. le s chantres de les entonner. Et à la Rochelle , pourtant, le même jour , l'évêque célébrait la fête de Saint-Philippe , et non celle de Saint-Eutrope , qui était passée, et qui avait été célébrée partout le 30 avril. »

J'en demande pardon à l'auteur , il se trompe toujours. Comment se fait-il qu'il sache ce que tout le monde ignore et qu'il ignore ce que tous savent ? C'est cependant sur ce fond qu'il a bâti son échafaudage d'accusations graves et passablement odieuses. Or, tout le monde sait que la solennité de Saint-Eutrope , lorsque la fête tombe un jour sur semaine , est renvoyée au dimanche suivant. Ce dimanche donc , 3 mai , dans toutes les

églises du diocèse à la Rochelle comme ailleurs , on célébrait la fête , on faisait l'office de Saint-Eutrope. Je
ne pouvais moi seul déroger à cette loi ; et ici, je ferai
remarquer qu'alors le sujet de mon instruction m'était
imposé. La messe, quoique M.... ne puisse le comprendre , n'en a pas moins été dite à l'intention du roi, et
pour remercier Dieu d'avoir préservé S. M. de tout ac-
cident.

Mais le *Te Deum*, l'*Exaudiat*.... Le *Te Deum*, encore
une fois, je n'étais pas autorisé à le chanter , quant à
l'*Exaudiat*, il est vrai qu'après avoir entonné la prière
pour le roi , le *Domine salvum fac regem Philippum* ,
j'ai cru qu'eu égard à la longueur de l'office , je pouvais révoquer l'ordre que j'avais donné de *moi-même* ,
et non par suite d'engagement pris envers qui que ce
soit, de chanter ce psaume. Qu'en cela je me sois trompé,
je ne le contesterai pas , si l'on insiste ; mais pourquoi,
là-dessus, broder tout un tissu d'imputations que je ne
veux pas caractériser

On a jugé aussi que j'aurais dû parler de l'attentat ,
le flétrir énergiquement ; je réponds : Plusieurs fois et
à plusieurs personnes dont je pourrais invoquer le témoignage, j'en avais parlé avec toute l'indignation qu'il
a soulevée dans tous les cœurs honnêtes. Qui, dans mon
auditoire , ne partageait ce sentiment ? N'importe , dit-
on , en cela aussi l'attente des assistants a été trom-
pée ; possible encore, mais qu'en concluerez-vous ? Mon
Dieu ! je n'ai pas la prétention de me croire infaillible.
J'avouerai bonnement qu'il y a eu préoccupation, oubli,
erreur même, si vous le voulez; mais convenez que mes

antécédens auraient dû me mettre à l'abri de tous soup-
çons, de tous autres reproches. Qui ignore, à Charente, que chaque fois que j'ai eu à parler du roi, je
l'ai fait en des termes capables de satisfaire les plus
susceptibles, même les plus exigeans ? De plus, informé
que quelques-uns avaient été surpris de mon silence,
je me suis empressé de donner à tous satisfaction ; et,
ce jour là même, a vêpres, j'ai dit, je crois, tout ce
qu'on peut désirer d'un homme de bonne foi qui vient
réparer un oubli.

Je l'avais déjà réparé, à l'issue de la messe, en mani-
festant à M. le maire et à MM. du cortége mes regrets
de n'avoir pas fait, en cette occasion, tout ce qu'ils at-
tendaient de moi.

Après tant d'explications, qui n'aurait pensé que tout
était terminé ? Cependant, c'est le correspondant qui
vous l'apprend, M. le Maire a cru devoir procédér par
une double dénonciation contre son curé, l'une adressée
à M. le Préfet, l'autre au ministre des cultes. Cette dernière a provoqué une enquête dont je me felicite, certain qu'elle ne contribuera pas peu à éclairer et à fixer
l'opinion. J'en attends le résultat avec une grande
confiance, et je n'ai plus à m'occuper de cette affaire.

J'ai l'honneur, etc.

RÉTIF, curé de Charente.

(L'Union de Saintes du 4 Juin.)

Nous recevons de M. Thomas Martin, avec prière de la
publier, la lettre suivante, en réponse à celle de M. le curé
de Charente :

Monsieur le curé,

Il vous plait donc de perpétuer le scandale que vous

avez occasionné le 3 mai dernier? Il vous plait donc de faire de la personnalité? Etait-ce là votre dernière ressource?... Vous avez beaucoup d'esprit, personne ne le conteste; mais, ici, permettez-moi de vous dire, avec tout le respect que vous méritez et que vous ne savez pas toujours observer envers les autres, que vous manquez de jugement. Tous les hommes judicieux que vous avez consultés auraient-ils fermé les yeux sur ce petit défaut?... Est-ce que l'esprit ne nuit pas quelquefois à la régularité du discernement? Des observateurs l'ont pensé.

Moi j'ai, dit-on, le malheur de n'avoir que franchise et loyauté, vous l'avez, m'a-t-on assuré, reconnu en plus d'une circonstance. Ainsi donc, lorsque je me fais historien, je dois croire que vous serez tout le premier disposé à reconnaître la loyauté et la franchise de mes paroles. Je voudrais de tout cœur vous rendre un pareil hommage. Hélas! il est vrai que nous ne portons pas le même habit; votre robe à laquelle, selon vous, personne, sans danger n'ose se *frotter*, recouvre tout simplement un homme réduit à déclarer aujourd'hui qu'il n'est pas infaillible, depuis que je l'ai signalé comme peccable et très-peccable.

Monsieur le curé, je viens vous poser d'abord ces questions: Pourquoi avez-vous insisté pour que le journal l'*Union*, numéro du 4 de ce mois, ait à insérer votre réfutation qui, dites-vous, s'adresse à mon premier écrit et ne cherche cependant à répondre qu'au second; l'auteur que vous semblez ne pas connaître vous était donc parfaitement connu. Vous aviez vos raisons, me direz-vous ; Escobard eut ainsi résolu la question !

Pourqnoi les termes de votre seconde réfutation ne sont-ils plus les mêmes que ceux de votre première, insérée aux *Tablettes* de Rochefort, reproduite par le *Phare* de la Rochelle, qui l'a jugée ? Vous aviez vos raisons, direz-vous toujours. Oh ! grand Escobard ! tel eût été votre langage ! Mais, ce n'est pas ce grand maître, que j'évoquerai ou invoquerai. Le véritable pourquoi, le voici : Il vous fallait injurier, insulter, personnaliser celui qui avait eu la conscience de n'être qu'un trop véridique historien. Ce proverbe connu de tous : *la vérité n'est pas toujours bonne à dire*, vous avait soufflé une mauvaise inspiration. O Monsieur le curé ! à mes propres yeux, je me trouve bien innocent, car je n'ai pas tout dit.

Le véritable pourquoi ! il vous fallait porter sur un autre théâtre, dans une localité voisine, où vous ne manquez pas d'avoir de nombreuses connaissances et de nombreux amis, la relation des faits qui se sont passés à Tonnay-Charente, tous passablement et habilement défigurés à votre profit.

Dans cette deuxième édition de réfutation, réfléchie, mûrie, calculée alors, revue et corrigée, vous transcrivez, dites-vous, fidèlement ce que vous appelez mon *accusation*. Eh bien, soit ! je la tiens et la maintiens pour être exacte d'après surtout mon dernier écrit et le rapport de M. le maire de Charente. A ce sujet, vous vous écriez : « *Eh bien ! lecteurs, qu'en pensez-vous ?* « *regardez-vous comme possible qu'un homme de bcu*

« *sens*, UN CURÉ, *dans le saint lieu*, *en présence des*
« *autorités locales et de l'élite de ses paroissiens*, *ait pu*
« *proférer des paroles aussi impies qu'absurdes.* *Est-il*
« *besoin de protester contre de telles imputations ?* *En*
« *vérité*, *il faut étrangement compter sur la crédulité*
« *des gens pour écrire et publier... cela.* »

Monsieur le curé, dites, publiez... tout ce que vous
voudrez ; mais vous saurez que je n'ai jamais eu l'intention d'abuser de la crédulité d'autrui, soit par mes paroles, soit par mes publications. J'ai eu toujours assez
de bon sens pour ne point être à aucune époque ni
menteur ni imposteur.

Il est vrai, je l'avoue, *qu'il est des choses que j'ignore*
et que tout le monde sait. S'il arrivait que je devinsse
plus instruit et qu'il me vint à la pensée de publier tout
ce que j'aurais appris, croyez-vous que vous en seriez
mieux considéré ? Je n'ai point, Monsieur le curé, assez
de talent pour « *bâtir un échafaudage d'accusations gra-*
« *ves et passablement odieuses*, » j'ai la naïveté de dire
un chat est un chat, sans pour cela croire blesser personne.

« Tenez, Monsieur le curé, sans vouloir « *broder*
« *un tissu d'imputations que vous ne voudriez pas ca-*
« *ractériser*, » je veux ici, en bon chrétien, vous rendre un très-grand service, surtout auprès des personnes
qui auront la bonté, la patience ou la curiosité de nous
lire ; je le dis de nous lire, parce qu'aujourd'hui, grâce
à vous, c'est une polémique personnelle, bien qu'un
homme d'honneur tel que vous eût annoncé tout d'abord
par la publicité qu'il n'en voulait pas ; je dis donc

qu'en bon chrétien , je veux vous rendre un service , celui de vous excuser auprès de l'honorable auditoire qui a trouvé votre cérémonie non seulement faite autrement qu'il la croyait devoir être , mais encore courte, bien courte, grâce aux rognures que vous lui avez fait subir en supprimant même, de votre propre aveu , ce que vous aviez tout auparavant jugé convenable d'octroyer. Vous ne vouliez pas , sans doute , dans l'intérêt de leur santé , les retenir trop long-temps, aussi long-temps que vous en retenez d'autres à vos cérémonies de *fantaisie* toujours accompagnées de fort beaux sermons , si l'on en juge par leur longueur.

Monsieur le curé , je crois , en passant, devoir vous dire que je n'ai jamais cru que la religion fût personnifiée dans le prêtre et subordonnée à ses caprices , à son intelligence plus ou moins développée ; au contraire , j'ai pensé que beaucoup de prêtres ne la comprenaient pas bien. Il en est d'elle comme du patriotisme , beaucoup en parlent et peu les pratiquent , faute de bons enseignemens. Je ne dis pas cela pour vous , en ce qui est de votre état bien entendu , puisqu'il est facile de comprendre , et vous l'avez parfaitement prouvé, que d'une chose vous pouviez faire deux chose , et certes , aujourd'hui , chacun doit être convaincu de votre habileté en ce genre. Voyons si je me trompe fort d'après ce que vous avez fait voir.

Une messe doit être dite à l'intention du roi régnant ; n'est-il pas vrai , c'était convenu ? Je vous fais grâce , si vous le voulez , de tous les accompaguemens de chants qui devaient s'en suivre. L'on voulait une messe , vous convenez l'avoir promise ; à tout le monde , vous déclarez qu'elle n'est que pour Saint-Eutrope , puis vous prétendez que Saint-Philippe en a eu sa part, et que par conséquent cette portion doit suffire à tout le monde et même à Sa Majesté. Voilà qui est bien et fort adroitement trouvé ; mais Monsieur le curé , continuant à religieusement parler , lequel des deux saints sera, dans le paradis , le plus satisfait , voyant qu'ici bas , vous scindez de la sorte et mettez à partage les prières qui leur reviennent. En vérité , je crois que vous n'êtes pas très-orthodoxe , je n'en suis plus surpris depuis que vous avez placé les saints au-dessus de toutes les puissances , même au-dessus de l'éternel ; l'éternel ! puissance que tous les êtres reconnaissent et que tous chantent dans une langue qui vous est , je le crois, inconnue.

Monsieur le curé , savez-vous bien que, malgré tout votre esprit , votre dernier écrit se ressent d'un terrible embarras ? malgré toute ruse, toute adresse , dont vous savez, au besoin, faire emploi, vous ne pouvez cependant vous empêcher de reconnaître de petits torts, des inadvertances , des préoccupations tout-à-fait excusables ; ce sont de tout petits riens. Vos palliatifs n'empêcheront pas que vous ayez fait du scandale en manquant à votre devoir et qu'il y ait encore du scandale pour avoir manqué à votre parole, en engageant une polémique.

Désormais, M. le curé, chacun sera en droit de douter de la sincérité de vos sentimens, de votre dévouement et de votre respect à nos institutions ; qui sait si même le doute ne vous poursuivra pas jusqu'au pied de l'autel, lorsque sous vos habits sacerdotaux on saura qu'il est un homme sujet aux inadvertances, aux préoccupations dont le véritable prêtre doit être exempt, puisqu'il ne doit être que tout recueillement et toute adoration ?

Je dois enfin arriver, M. le Curé, non pas à vous donner un formel démenti (je serai à votre égard plus poli que vous ne l'avez été au mien), je dois arriver à vous dire que nulle part vous avez lu et pourrez faire lire, dans mes écrits, « *M. le Maire avait procédé par* » *une double dénonciation contre son curé, l'une adres-* » *sée à M. le Préfet, l'autre au Ministre des Cultes.* » Vouloir insinuer dans le public des pensées de dénonciations secrètes, dont j'aurais pu être le confident et le révélateur, cela constitue une monstruosité que moi je qualifie, parce qu'elle est parfaitement caractérisée ; c'est de l'outrage, M. le Curé, c'est de l'outrage.

Je crois bien possible que mon dernier écrit a motivé la présence de M. le Procureur du roi à Charente. Il paraît que vous seriez plus instruit que moi sur le motif d'un si imposant déplacement. Vous appelez cela une enquête ; moi, je dis que ce ne sont que de premières investigations. Vous pourriez bien vous féliciter à tort, M. le Curé, si l'enquête devenait sérieuse. La grande confiance que vous avez dans les résultats obtenus vient d'une tolérance apportée dans les formes judiciaires, ce que je suis loin de blâmer, mais dont vos quelques partisans ont tiré bon augure. Cependant, sachez, M. le Curé, que *s'il est avec le ciel des accommodemens,* la justice, sur la terre, n'en admet aucun, surtout celle que chacun redoute le plus : *Vox populi, vox Dei.*

Agréez, etc.

T. MARTIN.

(L'Union de Saintes du 14 Juin.)

FIN.

Rochefort. — Imp. de H. Loustau et Cie.